Chup Friemert
DREI VORLESUNGEN ZUM DESIGN

Erstveröffentlicht in der Reihe *Materialien* Nr. 4/83, herausgegeben von der Presse- und Informationsstelle der Hochschule der Künste Berlin 1983

Inhalt

ZUR GESCHICHTE	4
ZU EINEM WENDEPUNKT	16
ZUR AKTUELLEN LAGE UND ZUR THEORIE	32
ZUM TEXT Chup Friemert, Jesko Fezer	21
BIOGRAFIE	42

ZUR GESCHICHTE

Die Vergesellschaftung der Produktion treibt das Industriedesign als Tätigkeit hervor, eingebunden in die Entwicklung der Arbeitsteilung. Mit der Maschinerie wird die Werkzeugführung Teil der Maschine und die halbkünstlerische Tätigkeit des Handwerkers, der die Form seines Gegenstandes mitbestimmt, wird abgelöst. Herstellen verwandelt sich für Viele in Ausführen, umgekehrt entsteht die Vorplanung mit Modell und Entwurfszeichnung als neues verselbstständigtes Moment der Produktion. Planung enthält eine neue Qualität. Der Gegenstand der Produktion existiert sozusagen doppelt, einmal als Modell oder/und Musterzeichnung sowie als vervielfältigtes Ergebnis industrieller Produktion, als Ware. Doch die Geschichte unseres Berufes ist gesellschaftlich, nicht nur technisch.

Die kapitalistisch wirtschaftenden Gesellschaften des neunzehnten Jahrhunderts bringen einen hohen Stand des gesellschaftlichen Reichtums hervor – jedoch nicht für die Arbeitenden. Sie leben gewaltsam getrennt von Bildung, kultureller Tätigkeit und Persönlichkeitsentfaltung. Nicht einmal minimale hygienische Standards gelten für sie. Ihre Lage kennzeichnet Elend, Krankheit und Demoralisation. Die Möglichkeiten der objektiven Kultur existieren für sie kaum wirklich, diejenigen zur Entfaltung von Genuss noch viel weniger! Real produzieren die Arbeitenden den Reichtum der Gesellschaft, der sich zunächst als „riesige

Warensammlung"¹ darstellt, aber ihr Anteil an diesen Ergebnissen der eigenen Arbeit bleibt denkbar gering. Objektive Kultur reduziert sich auf miserable, systematisch verfälschte Lebensmittel und auf erschreckende Wohnbedingungen. Daran kann sich subjektive Kultur keineswegs aufrichten. Trotzdem tritt das fortan konstitutive Element der Kultur der Arbeitenden schon deutlich hervor: ihre Entwicklung zur Klasse. Dieses Spezifische – dessen Kern die Organisiertheit ist – richtet sich auf an der oft spontanen Erkenntnis, dass diese Gesellschaft und deren Kultur nicht die ihrige sein kann. Humanismus, Selbstverwirklichung, der Wille also, menschlich zu leben, treibt zu schärfsten Auseinandersetzungen mit den herrschenden Kräften und bedeutet, sich im organisierten Kampf erst brauchbare Lebensbedingungen zu schaffen. Dies scheint nur durch den Umsturz der gesellschaftlichen Verhältnisse möglich. Unter solchen Bedingungen haben die ersten Designer ein schweres Los. Die Industrie setzt sich zuerst – außer in der Textilindustrie – in der Produktion von Investitionsgütern durch, deren vorbildlose Gestalt oft spontane Ingenieurgestalt ist, die meist ohne einen Spezialisten für Ästhetik auskommt, was uns umgekehrt heute veranlasst, von Ingenieurkunst oder Ingenieurästhetik zu sprechen. Da jedoch designerische Arbeit im Prinzip das ästhetische Formieren der Ergebnisse industrieller Produktion ist, nirgends aber ernsthaft das Subjekt der Produktion als Konsument zutage tritt – es gibt ernsthaft in der ersten Zeit der Industrialisierung keine Massenkaufkraft für längerfristige Konsumtionsmittel –, ist kein massenhaftes ästhetisches Verhältnis, also keine gesellschaftliche Subjektivität zu konstituieren, nur Individualismus der Herrschenden. Die Gestaltungs-Erneuerungsbewegung besonders in England schwankt so zwischen einem bürgerlichen Unbehagen an der ästhetischen Kultur und der Forderung, die Lebensbedingungen aller zu verbessern, wobei sie selten einen borniert-handwerklichen Standpunkt überwindet. Nur wenige Erneuerer wollen nicht nur die handwerkliche Ethik in die Industrie projizieren, sondern versuchen, Lösungen aus den Bedingungen industriellen Produzierens herauszuarbeiten. Der Zwang zur Produktion individualistischer Lösungen bringt beispielsweise William Morris zum einen dazu, nicht länger für den „schweinischen Luxus der Reichen"² arbeiten zu wollen. Dennoch kann er sich nicht aus der kunsthandwerklichen Produktion lösen. Das lässt ihm andererseits nur die Möglichkeit einer abstrakten Negation. Seine Bewegungsform des Widerspruchs findet er, indem er aktiv teilnimmt am Prozess der Entfaltung von Subjektivität durch sein Engagement in der sozialistischen Bewegung, aber dieses Engagement lässt sich nicht weitertreiben in die Gestaltung von Industrieerzeugnissen für die Massen der Arbeitenden.

So betreibt er im Wesentlichen handwerkliche Produktion und davon abgesondert – Politik. Es bleibt seine Tragik, dass sozusagen die gesellschaftlichen Bedingungen für ihn noch nicht reif waren.

Festzuhalten ist der Gedanke, dass Gestaltung und Politik nicht getrennt werden können.

Mit dem Übergang des Kapitalismus um die Jahrhundertwende zum Imperialismus ändern sich die gesellschaftlichen Gestaltungsvoraussetzungen grundlegend. Indem der Kapitalismus weitere Gegenden dieser Welt seiner Produktionsweise unterwirft und zu seiner Profitmaximierung ausbeutet, können die Herrschenden der Arbeiterklasse als Alternative zur Revolution die Besserung ihrer Lage anbieten. Die Entwicklung der Produktivkräfte trägt das ihrige dazu bei, das angeraten sein zu lassen. Der Versuch betrifft zunächst einen Teil der Arbeiterklasse, doch öffnet sich da eine scheinbare Perspektive für alle. Manche Arbeiter verdienen nun genug, um sich perspektivisch auch die Frage nach der materiellen Ausstattung ihrer engeren Lebenssphäre stellen zu können. Subjektiv bedeutet dies, zu wählen und Entscheidungen zu treffen. Mit ihrer Kaufkraft treten sie auf dem Markt auf. So entsteht die Aufgabe, die Beziehung der Massen zu den Ergebnissen der industriellen Produktion als ästhetische Beziehung zu konstituieren, als ästhetische Beziehung im Kauf und als ästhetische Beziehung in der Konsumtion, im Gebrauch. Diese Aufgabe prägt die Diskussionen der Gestalter und treibt zur Gründung des Deutschen Werkbundes.

Die Teile der herrschenden Klasse, die als Alternativangebot zur Revolution das Konsumtionsniveau der Arbeiterklasse heben wollen, formulieren deutlich: „Den Spielraum des Lebens, den wir unserem Volke von Herzen wünschen, können wir ohne Erhöhung seiner künstlerischen Leistungen gar nicht erlangen. […] In der gegenwärtigen Geschichtsperiode kommt alles auf die Gewinnung auswärtiger Märkte an. […] Die geringen Arbeiten nehmen früher oder später halbgebildete Völker an sich. Was tun wir dann? Dann sind wir entweder ein Volk, dessen Stil und Geschmack sich in der Welt durchgesetzt hat, oder wir hungern mit den Orientalen um die Wette, nur um zu sehen, wer die billigsten Massenartikel aus Fleisch und Blut und Eisen herauspressen kann."[3] Der Werkbund als Organ verschließt sich der Perspektive der gesellschaftlichen Veränderung durch die Arbeiterklasse und reduziert seine Aufgabe und seine Möglichkeit, trennt politischen Inhalt und Gestaltung, beschneidet den noch sozial-revolutionären Anspruch der früheren Gestaltungs-Erneuerungsbewegungen zu einer technizistischen Konzeption, die sich wesentlich ein Geschmacksproblem vorstellt und somit auch stellt. Diese

Konzeption bindet in der Tendenz kulturelle Entfaltung an die verdinglichte Warenform, kanalisiert sie also. Wenn der Revisionismus hinzukommt, wenn massenhaft das Bewusstsein entsteht, es sei innerhalb der gegebenen Verhältnisse möglich, die Kultur und die Lebensweise der Arbeiterklasse insgesamt zu entfalten, dann erwächst innerhalb der Arbeiterschaft die bürgerliche Illusion, dass eine gemeinschaftliche menschliche Kultur auf der Basis ihres Gegenteils, der privaten Aneignung der Ergebnisse der Arbeit, möglich sei. Diese Illusionen ziehen die Gestalter mit, hoffen sie doch, solche Vergesellschaftung der Kultur öffne ihnen neue Wege. So etwa Walter Gropius: „Gerade die genialsten Ideen sind zur Vervielfältigung durch die Industrie eben gut genug und wert, nicht nur dem Einzelnen, sondern einer großen Allgemeinheit zugute zu kommen."[4] Der Imperialismus liefert allen mit dem Ersten Weltkrieg die praktische Quittung dieser Illusion.

Festzuhalten bleibt: In Industriewaren beginnen sich die Bedürfnisse Arbeitender zu konkretisieren, und dadurch – primär in Verfolgung der Funktionen der Warenästhetik – konstituiert sich ein neues, tendenziell massenhaftes Subjekt-Objekt-Verhältnis mit Hilfe der Gestaltung.

Es bedeutet, Aspekte der objektiven und subjektiven Kultur im Versuch der Verallgemeinerung bürgerlicher Normen zu entfalten, es bedeutet, das früher nur Wenigen Zugängliche nun allerdings verbilligt der Allgemeinheit zugänglich zu machen. Es ist zwar keine umfassende, fundamentale Verallgemeinerung, die hätte eine Aufhebung der privaten Rationalität zur Voraussetzung, sondern eine illusionäre. Dennoch existiert sie objektiv. Den illusionären Charakter und seine Wirkung auf die Gestaltprogrammatik kritisiert Adolf Behne anhand der Politik des Deutschen Werkbundes unter dem Eindruck des Krieges. Er fragt im Jahr 1917: „Ist es nicht doch schließlich ein wenig lächerlich, solchen Eifer zu entwickeln, dass die Packungen von Keks und Schokolade künstlerisch wirken?" Und weiter: „Qualität in allen Dingen ist die Parole des Deutschen Werkbundes. Gewiss, er befolgt sie, aber auf besondere Weise. Dem Bäcker sieht er auf die Finger, dass er Qualität im Ladenschild wahre, dem Fabrikanten, dass er Qualität im Hausbau wahre, dem Schuhhandler, dass er Qualität im Pappkarton wahre."[5] Behne macht diese Kritik praktisch, keine zwei Jahre später steht er während der Novemberrevolution auf der Seite der Arbeiterschaft als Geschäftsführer des Arbeitsrats für Kunst.

Nach dem Ersten Weltkrieg erstreiten die Massen die Republik und leiten eine neue Etappe ihrer Kultur ein, besonders unter dem Eindruck des Sieges und dem Aufbau einer revolutionären Macht in Russland. Die Arbeiterklasse stärkt sich während der

Weimarer Republik im Kampf gegen die Diktatur der Bourgeoisie. Auf der Basis einer neuen Stufe der Vergesellschaftung der Produktion, der Konzentration, Zentralisation und Rationalisierung, stellt sich das angesprochene Problem der Konstitution eines Subjekt-Objekt-Verhältnisses in der Konsumtion erneut, und die einfache Übertragung bürgerlicher ästhetischer Beziehungen und kultureller Normen über die Waren auf die arbeitenden Massen macht keine massenhafte Politik, ist keine ausreichende und praktizierbare Bewältigungsform des Lebens. Die Masse greift selbst zu – notgedrungen und nicht nur kompensierend – und schafft vielfach und vielfältig ihre eigene Lebensweise. Viele Aspekte ihrer Reproduktion, der Organisation des Lebensnotwendigen also, verbleiben in ihrer Selbstregulation und sind nicht durch die Warenform vermittelt. Die Konzerne wirken durch ihre Waren nur partiell organisierend bzw. desorganisierend, und eine entwickelte kapitalistische Verbiederungs- und Zerstreuungsindustrie dominiert keinesfalls. Die großen Kollektive unmittelbarer Produzenten treiben die rationale Beherrschung der Natur erheblich voran und drängen darauf, dass Vernunft nicht als gestutzte Rationalität in den Rahmen privater Verfügungsverhältnisse eingebunden bleibt. Vernunft soll auch Grundlage der Regulierung der Gesellschaft, der Beherrschung des Gesellschaftlichen werden. Jedoch: Die kollektive und rationale Praxis vergesellschafteter Arbeit befreit sich nicht aus dem jämmerlichen Rahmen privater Verfügungsgewalt. Die schöpferische Negation bürgerlicher Kultur und die Entfaltung einer eigenen Kultur durch das Proletariat erleben vornehmlich außerhalb der Arbeit in verschiedensten Formen einen enormen Aufschwung.[6] Ein entschiedener Gegner der Arbeiterbewegung konstatiert: „Wir haben dadurch ein deutsches Staatsgebilde, aber zwei deutsche Volksteile, die klassenbewussten Arbeiter oder das ‚Proletariat' und alle übrigen Teile, zu denen alles gehört, was nicht Handarbeit in einem Betrieb verrichtet. Die Abschließung der ‚klassenbewussten Arbeiterschaft' von den ‚Bürgerlichen' ist eine vollendete Tatsache, Arbeitersport, Arbeiterrundfunk, Arbeiterbildungsschulen, Arbeitertheater, Arbeitergesangskunst und vieles andere stellen eine ausschließlich der Gedankenwelt des ‚Proletariats' Rechnung tragende Arbeiterkultur dar, die sich im sozialistischen Sinne, also in der Entwicklung der Gemeinschaftsgedanken, auswirken soll."[7] Die gemeinschaftliche Praxis ist also notwendig zur Bewältigung fundamentaler Lebensfragen. Gleichwohl formuliert die Realität einen charakteristischen Widerspruch, dass nämlich die Arbeitenden vornehmlich außerhalb der Sphäre der Produktion, in der sie sich ja wirklich als Gattungswesen bewähren, sich selbst verwirklichen. Die Massenbewegungen verbinden revolutionären Geist und theoretische Einsicht, tragen in Aktionen den Widerspruch aus. Diese praktische Form reißt Intellektuelle mit, Gestalter und Künstler können sich in ihrer Arbeit und Politik mit den Massen verbinden und die Potenzen einer wirklich vergesellschafteten Produktion teilweise antizipieren. Dieses Element der Antizipation zeichnet die entwickelte Gestaltung der zwanziger Jahre aus. Die Konstitution des Subjekt-Objekt-Verhältnisses von Mensch und geschaffener Realität kann vereinzelt unmittelbar mit den Arbeitenden zusammengebracht werden – zum Beispiel im Bauen. Daneben wird sozusagen über die vorhandene Realität hinweg oder durch die private Verfügungsgewalt hindurch bereits auf eine vernünftige Gesellschaft hin, die bald erreicht scheint, entworfen. So blitzt auf, dass die zweite Natur des Menschen wirkliche, reale Vergegenständlichung seiner Wesenskräfte sein kann.

Festzuhalten an diesem Prozess ist: Wieder sind Ansätze in der Bildung kultureller Momente der Arbeitenden vorhanden, die über den konkreten, real wirksamen Zusammenhang von industrieller Massenware und warenästhetischer Inszenierung hinausweisen. Sie ermöglichen den Gestaltern, radikal Gebrauchswerte für den Massenbedarf gestalten zu wollen.

Festzuhalten ist auch: Die Gestalter nehmen ihre Aufgabe ernst, vor allem in enger Verbindung mit den entwickelten Produktivkräften, mit der neuen Technik. Dieses Moment ist historisches Erbe. Nur muss jede Fixierung auf die versachlichte, technische Seite der Produktivkräfte aufgehoben werden. Konsequent ist, nach der Arbeit, nicht nur nach der Technik zu fragen.

Der Faschismus zerschlägt die revolutionären Massenaktivitäten, somit die wirkliche soziale Basis der entwickelten ästhetischen Praxis und des Funktionalismus. Die faschistische Orientierung der gesellschaftlichen Arbeit und der konkreten sozial-ökonomischen Beziehungen auf den Krieg macht alle Unternehmungen zunichte, die auf eine Verbesserung der materiellen Kultur der Arbeitenden abzielen. Gestaltungsaufgaben für Masseninteressen gibt es nicht länger, wohl aber massenhaft Gestaltungsaufgaben für die Interessen der Machthaber an den Massen.[8] So jedoch kann keine progressive Gestaltung leben. Die Vertreibung der radikalen Gestalter ist damit absolute Systemlogik. Wer könnte das Volk vertreiben? Es muss eine weitere bittere Niederlage erleben durch den Ausbruch des Zweiten Weltkrieges, weil es ihm nicht gelungen war, das objektiv Mögliche vor 1933 zu realisieren. Nach der Zerschlagung des Faschismus weitet die internationale Arbeiterklasse ihre Macht aus. Das Ergebnis konfrontiert in neuer Qualität zwei antagonistische sozial-ökonomische Systeme.

Im westlichen Teil Europas wird die Niederlage, die der Faschismus der Arbeiterbewegung beigebracht hatte, aber erst in der Restauration des Monopolkapitals – der eigentlichen Ursache des Faschismus – perfekt. Dazu setzen die herrschenden Kräfte eine ökonomische Strategie durch, die unmittelbar gegen die vorhandenen Widerstandspotentiale der Massen politisch wirkt.[9] Den Kern der Strategie bilden in den ersten zwanzig Jahren der Bundesrepublik die Schwerpunktinvestitionen im Inneren auf relativ kurzfristig amortisierbare und für den Individualkonsum relevante Produktions- und Dienstleistungsbereiche. Gegen das Resultat dieser ihrer eigenen Politik spricht heute im Interesse und im Zeichen des Abbaus materiellen Lebensstandards allenthalben die bürgerliche Kritik von Wohlstandskorruption und Verbürgerlichung der Arbeiterbewegung, wobei ihre Alternative selbstredend nicht eine proletarisch handelnde Arbeiterbewegung meint, wohl aber eine sich beschränkende. Mit jener anfänglichen Politik findet eine Re-Organisation der Lebensbedingungen der Massen nach dem Krieg auf einer neuen Grundlage gegenüber der Weimarer Republik statt. Nicht mehr gemeinschaftliche Aktion und Praxis der Arbeitenden sind notwendig zur Bewältigung fundamentaler Lebensfragen auch der Reproduktion, das Notwendige wird über den individuellen Akt des Kaufs und Gebrauchs getätigt. Schrittweise drängen sich Konzerninteressen in die Lebensbereiche der arbeitenden Bevölkerung und vermitteln auf der Basis ihrer materiell-technischen Möglichkeiten das Leben. Durch die Kaufkraft definierte Reproduktionsmöglichkeiten und Reproduktionsformen breiten sich aus, greifen vormals gemeinschaftliche Regulationen und Lebensmomente an und überwältigen sie. Das setzt konsequenterweise einen besonderen Akzent auf die Lohnkämpfe. In diesen ersten zwanzig Jahren der Bundesrepublik werden Infrastrukturinvestitionen und Formen der gesellschaftlichen Konsumtion vernachlässigt.

Die Bedingungen für die Arbeit der Designer verbessern sich drastisch, jedoch die alte Forderung nach Arbeit an der Massenproduktion erhält einen neuen Sinn. Sie repräsentiert nicht mehr die Forderung nach Arbeit für die Massen, sondern eine nach der Eingliederung der Designer in die Industrie. Vielfältig werden sie nötig zur Warengestaltung, deutlich liegt ihr Beschäftigungsschwerpunkt mit schätzungsweise 80 % bei den Konsumgüterindustrien. Das bedeutet zwar einen Vorteil, nämlich eine Hochkonjunktur für Designer, aber keinen Sieg für ein funktionalistisches Design, zumal diese Arbeitsmöglichkeiten gleichzeitig eine Interessenlenkung beinhalten, nämlich eine Illusionierung gegen den Sozialismus. Gern handelnd im höheren Auftrag, fragen die Designer primär, wie sie ihre Qualifikation unentbehrlich machen und als festen Bestandteil möglichst als Führungskräfte innerhalb der Industrie einbinden könnten. Ihre Plädoyers für die Gestaltung selbst beziehen sie zumeist aus Argumentationen der besseren Verkäuflichkeit oder der Kostensenkung. Grundsätzliche Fragen der Gebrauchswertstruktur und selbst der einzelnen Gebrauchswerte erscheinen ihnen nicht genauso wichtig. Ihre Gestaltauffassung sperrt die Rationalität der Arbeit ein. Funktionalismus ist das nicht. Die Begrenztheit der Auffassung – Reflex der Verwertungsinteressen – beweist sich mit der ersten Krise Anfang der sechziger Jahre. Evident erfordern die mangelnden infrastrukturellen Investitionen wegen der Systemauseinandersetzung und wegen der bereits abzusehenden Umwälzungsprozesse durch die wissenschaftlich-technische Revolution eine Umorientierung wesentlicher Aspekte der bundesdeutschen Ökonomie. Das Ende des „Wirtschaftswunders" scheint sich zu nähern. Eine Designauffassung beginnt notwendig zu werden, die Rationalität nicht ausschließlich als technokratische Arbeit in der warenästhetischen Inszenierung betreibt, sondern gesellschaftliche Vernunft in die Gestaltungsbasis mit einbezieht. In einzelnen Aspekten ist dafür die Auffassung der Hochschule für Gestaltung Ulm geeignet, weil dort doch gesellschaftlich-demokratisches Interesse oft mitgedacht wird, wenn auch nur als Idee, weil es sich um eine Schule handelt und Verwirklichungsmöglichkeiten fehlen. Das gilt auch dann, wenn der gesellschaftliche Widerspruch sich als Auseinandersetzung zwischen elitären Auffassungen und demokratischen Tendenzen innerhalb der HfG betätigt. Die demokratische Bewegung jedenfalls findet dort Überlegungen, mit denen sie sich in ihrer Orientierung auf eine demokratische Gesellschaftsplanung verbinden will. Umgekehrt sehen diejenigen Kräfte, die eine Anpassung an politisch-ökonomische Veränderungen wollen, in dieser möglichen Verbindung eine Gefahr, gleichzeitig aber in den reduzierten Ansätzen Ulms ihre Chance. Aus Furcht vor dem möglichen Bündnis schließen sie die Schule, machen jener funktionalistischen Designauffassung den Garaus. Darüber können sie verfügen. Andererseits erfassen Konzerne oder formierte Hochschulen die ausgebildeten Kader. Nunmehr herausgelöst aus dem gemeinschaftlichen Arbeitszusammenhang, werden sie oft einzeln überwunden. Die Planungsabteilungen von Konzernen integrieren viele Absolventen wegen ihrer Fähigkeit zur systematischen, kooperativen und interdisziplinären Arbeit, manche etablieren sich als Design-Unternehmer. Ohne Verbindung mit Demokratisierungsvorgängen verblassen ihre Fähigkeiten schnell zu Technokratie und Gefügigkeit. Gleichzeitig entfaltet die Industrie den Designprozess und operationalisiert mit dem Rationalisierungskomitee der deutschen Wirtschaft das Entwerfen. Was zunächst im gehüteten Dunkel der Entwerfer lag, macht ihre Tätigkeit zum nüchtern einzuschätzenden Handwerk, zur vergesellschafteten Arbeit, zur Planungskategorie und selbst zur planbaren Größe. Konkrete Designtätigkeit reproduziert dann in den Unternehmen die bekannte Hierarchie vertikaler Spezialisierung, schafft eingeschränkte Spezialisten, operationalisiert den Entwurf, entwickelt die Methodologie, entfaltet Kontrolle. Manche Arbeitsschritte existieren bald so massenhaft, dass sie standardisiert und über computergesteuerte Systeme abrufbar werden, etwa große Teile der Zeichnungsarbeit. Die soziale Unbekümmertheit der Designer richtet sich gegen sie selbst, denn die Entwicklung ihrer Produktivkraft ist ihre Entwicklung zu einem bedeutenden Kostenfaktor. Damit treffen beide Momente der Rationalisierung – Versachlichung der Arbeit sowie Einsparung von Arbeitskraft – auf sie zu. Ihre Arbeitsplätze kommen in Gefahr, die „Jagd nach dem Job" wird allgemein, und zwar bei den Designern, um einen zu bekommen, und bei den Rationalisierern, um ihn zu beseitigen. Dies dauert an.

Festzuhalten aus diesem Prozess bleibt die Versachlichung der Arbeit, die Erhellung der „Blackbox" der Kreativität, der vergesellschaftete Charakter der Arbeit.

Die Lage der Designer hat sich radikal verändert, ihr Status ist nicht mehr mit dem individuellen Status von Künstlern vergleichbar, vielmehr sind sie objektiv Teil der Mehrheit der Lohnarbeitenden geworden. Die aber beginnen in demokratischen Bewegungen deutlich ihr Interesse zu setzen. Designer stecken heute im klassischen Dilemma der Arbeiterschaft, die diejenige Ordnung, die sie überwinden will, täglich durch ihre Arbeit erhält. Die Widersprüchlichkeit geht sie etwas an, also kann es ihnen eingehen. Für Designer ist die wichtigste Aufgabe geworden, ihre Doppelexistenz bewusst auszuleben, indem sie das Interesse der einen – ihrer eigenen – Seite auch da versuchen bestimmend sein zu lassen, wo sie für die andere Seite agieren. Der Schein spricht gegen eine solche Möglichkeit. Dennoch: Es drängt herein, dass sich große Teile der Gesellschaft das Kapital einfach nicht leisten können, weder die Arbeitslosen noch die in Arbeit Stehenden. Nehmen wir allein die massenhaften Auseinandersetzungen innerhalb der Produktion um Probleme der Arbeitsgestaltung, der Rationalisierung, des Arbeitsinhaltes, der Mitbestimmung, der Qualifikationserweiterung. Sie massieren sich vor allem in Bereichen mit hohem Montageanteil. Von hohen Absentismus- und Fluktuationsraten bis zu unsinnig erscheinenden Sabotageakten und Zerstörung der fertigen Waren (die Studie „Work in America" belegte viele solcher Beispiele) reichen die Widerstandsformen. Dem Kapital bringt das erhebliche Verluste an Produktivität und Rentabilität. Das Neue an der Unzufriedenheit, das selbst in der Krise wirksam bleibt, wiewohl sie Forderungen unter der Angst um den Arbeitsplatz oft erstickt, bildet die Rebellion gegen die Begrenzung produktiver Fähigkeiten. Belastend wirkt die Unterforderung, der Entzug von Funktionen und Kompetenzen der Arbeitsplanung und -verteilung. In einem Bericht über Schweden stellt „Blick durch die Wirtschaft", das Wirtschaftsmagazin der Frankfurter Allgemeinen Zeitung, exemplarisch fest: „Der durchschnittliche Ausbildungsstand des schwedischen Arbeitnehmers nimmt rapide zu. 1969 wiesen 80 % der Berufstätigen sieben und weniger Schuljahre auf. 1971 brachten über 80 % der neu in den Arbeitsprozess Eintretenden bereits 10 bis 12 Schuljahre mit. Und dieser Trend hat sich inzwischen weiter verschärft. Es müssen also Arbeitsplätze geschaffen werden, die für gut ausgebildete junge Leute interessant sind!"[10] Konzeptionen zur Auflösung angeblicher Sachgesetzlichkeiten der Technologie, zur Neuformulierung des Arbeitsvorganges versuchen diese Forderungen aufzunehmen. Konsequente und selbstverständlich kontroverse Auseinandersetzungen zwischen Management und Gewerkschaft brechen auf: Hat die Gewerkschaft das Ziel, Arbeitsplätze mit hohen Qualifikationsanforderungen incl. entsprechender Entlohnung bei Abschaffung kleiner Arbeitstakte von ca. 1,5 Minuten zu schaffen, verfolgen die Unternehmen das Ziel, die subjektiven Fähigkeiten lediglich als Produktivitätsfaktor freizusetzen.[11] Solche Prozesse zwingen, im Entwurf nicht nur die Vorwegnahme des zukünftigen Produzierten im Modell zu sehen, nicht nur die Konzeption von Gebrauchsweisen und Gebrauchsmöglichkeiten, nicht nur Lösungen des Gebrauchs in der Form, denn: Ehe ein Fertiges in anderen Sphären wirklich ist und sich verwirklichen kann, ist es schlicht erst einmal zu produzieren. Das Modell des Designers wirkt als organisierendes Moment der Arbeit, sein Modell ist gedachter Arbeitsgegenstand und konzipiert deshalb die darauf zweckgerichtete Tätigkeit, die konkret-nützliche Arbeit mit. Diese Bedeutung des Entwurfs ist mit dazu angetan, den klassisch genannten Konflikt, den Zwiespalt auszutragen. Für das Design besteht die Aufgabe, vom Standpunkt des Arbeiters her zu denken, vom Prozess der Entfaltung und Verausgabung produktiver Fähigkeiten, nicht vom Standpunkt der Kontrolle, Rentabilität etc. Ökonomie der Zeit bleibt zentrale Kategorie der Arbeit, aber nicht die letzte, auf die sie reduziert werden könnte. Unter dieser Fragestellung existieren meines Wissens keine Untersuchungen. Eine fiktive Konstellation mag abschließend das Problem verdeutlichen: Ein Produktionsingenieur oder betrieblicher Kostenrechner beurteilt einen Designentwurf anders als ein Arbeitender, der primär das Interesse der tatsächlichen Ausführung, der Produktion verfolgt. Er entwickelt notwendig andere Kriterien an den Entwurf als die übrigen Genannten.

Sie konzeptionell aufzunehmen, gehört einer funktionalistischen Gestaltung an, die an ihre Tradition anschließen und sie weiterentwickeln will, also einem Design, das in den Entwurf die Entfaltung der Arbeitenden in der Produktion als Interesse mit einbezieht. Das gelingt nur bei einer Erweiterung der Kooperationsbeziehung auf einer neuen Stufe der Vergesellschaftung designerischer Arbeit selbst. •

[1] Karl Marx: *Das Kapital*, Band 1, MEW 23, S. 49.

[2] Edward P. Thompson: *William Morris. Romantic to Revolutionary*, London 1955, S. 36.

[3] Friedrich Naumann: *Die Kunst im Zeitalter der Maschine*, Berlin 1908, S. 14.

[4] Walter Gropius: „Die Entwicklung der modernen Industriebaukunst", in: *Die Kunst in Industrie und Handel*, Jahrbuch des Deutschen Werkbundes 1913, Jena 1913, S. 20.

[5] Adolf Behne: „Kritik des Werkbundes", in: *Die Tat*, Monatsschrift für die Zukunft deutscher Kultur, 9, I (1917), abgedruckt in: *Werkbundarchiv*, 1. Jahrbuch, Berlin 1972, S. 124.

[6] Vgl. Chup Friemert: „Die Organisation des Ideologischen als betriebliche Praxis", in: *Faschismus und Ideologie*, Berlin 1980.

[7] Willy Müller: *Sozialer Kapitalismus. Grundsätze einer Wirtschafts- und Arbeitskultur*, Berlin 1930, S. 5.

[8] Vgl. Chup Friemert: *Produktionsästhetik im Faschismus. Das Amt „Schönheit der Arbeit" von 1933 bis 1939*, München 1980.

[9] Vgl. Jürgen Harrer, Heinz Jung: „Das ökonomische System in der BRD und der DDR", in: *BRD – DDR. Vergleich der Gesellschaftssysteme*, Köln 1971, S. 35 ff.

[10] „Blick durch die Wirtschaft", 11.3.1975.

[11] Horst Kern u. a.: *Neue Formen betrieblicher Arbeitsgestaltung. Darstellung relevanter Veränderungsprojekte in Großbritannien, Italien, Norwegen, Schweden*, Göttingen, Hannover 1975.

ZU EINEM WENDEPUNKT

Die zwanziger Jahre gelten unserem Beruf als eine besondere Zeit. Es ist die Zeit, in der die Moderne – was immer im Einzelnen damit gemeint sein mag – sich entfalten, festigen und formulieren konnte. Es sind Namen wie Walter Gropius, Ludwig Mies van der Rohe, Bruno und Max Taut, Le Corbusier, Hannes Meyer, Wilhelm Wagenfeld, Marcel Breuer, Mart Stam und andere, die für jene Zeit stehen; es ist vor allem das Bauhaus, mit dem sich der Begriff der Moderne verbindet. Ehe näher darauf eingegangen wird, sollen wir uns klarmachen: Das Bauhaus war eine Schule, die Modernen waren eine Minderheit. Die Möglichkeiten zur Verwirklichung ihrer Ideen waren so vielfältig nicht. Vieles war Konzeption, blieb Vorschlag und Entwurf, ging nicht ein in die Produktion. Gleichzeitig – und das unterscheidet die Lage der Modernen in den zwanziger Jahren von den einzelnen wegweisenden Leistungen bis 1914 – sah sie sich einer starken Ablehnung, einem fast wütenden Hass gegenüber. Die Diskussion um Gestaltung war polarisiert. Der Grund dafür ist in der Möglichkeit verborgen, dass diese Moderne sich mit den stark gewordenen, nunmehr organisierten und handelnden Kräften der Republik und der Demokratie hätte verbinden können – und sich vereinzelt auch damit verbunden hatte. Dagegen bildete sich eine Front, die ihre politische Ablehnung auch ästhetisch formulierte. Der Terminus des Kulturbolschewismus konzentrierte diese Einheit der politischen und ästhetischen Ablehnung dann später mit fürchterlichen praktischen Konsequenzen.

Obwohl also die Moderne in vielem Plan blieb, muss damals für die Entwicklung unseres Berufes doch Grundlegendes geleistet worden sein, will man nicht annehmen, unser heutiges Wohlwollen dem Modernen gegenüber entstamme entweder einem schlechten Gewissen oder dem Wunsch, bei einer nicht so rosigen Gegenwart wenigstens eine rosige Vergangenheit zu haben. Versuchen wir, einen Aspekt der Leistung der zwanziger Jahre herauszuarbeiten, den nämlich der methodischen Arbeit und ihrer Zielsetzung. Der gemeinsame Nenner ist die Ökonomie, die Aufgabe das Verhältnis von Ökonomie und Produktästhetik.

Um herauszufinden, was unter Ökonomie verstanden werden kann, kehren wir zunächst das Thema um. Es würde dann lauten: das Verhältnis von Verschwendung und Produktästhetik. Assoziationen sind dann vielleicht: Ornament, Überfluss, Luxus, ausladende Form, Historismus oder Jugendstil, aber auch: Warenhaus, Warenästhetik, Verpackung, Produktdifferenzierung, ästhetische Innovation, Modewechsel. Solche Assoziationen richten sich auf die Gestalt, auf die Erscheinung. Würden wir versuchen, uns den Prozess des Benutzens dieser Dinge vor Augen zu führen, den Verschwendungsprozess also betrachten, dächten wir an Wegwerfen, schnelles Veralten, Sperrmüll, an Brüchigkeit, fehlende Haltbarkeit, an Umständliches. Gedanken wären nötig zu Rohstoffvergeudung, Naturausbeutung, Rohstoffmangel. Weiter mit der Produktion assoziierend kämen Begriffe auf wie: ungenutzte Kapazitäten, Strukturkrise, Butterberg und Milchpulverproduktion, Gemüse- und Obstvernichtungshalden. Dann wären wir auch bald bei der Arbeitslosigkeit, Jugendlichen ohne Lehrstelle, bei Arbeitskräften, die mit 40 zum alten Eisen gehören.

Solche Tätigkeiten und Verhältnisse reklamieren wir, reklamieren wir im Namen der Humanität und Vernunft. Ratio wäre eine Instanz, die den Maßstab abgeben würde für Erwünschtes. Dennoch bleibt die Frage: Was bitte ist Ökonomie, was ist Ökonomie in Bezug auf Gestaltung, was in Bezug aufs Bauhaus?

Zunächst: Die Resultate designerischer Arbeit sind oft billig, Kaufhauswaren zeigen das. Sie sind billig im Sinne von profitabel, billig in Bezug auf den Gebrauchswertstandard, billig im Hinblick auf das ästhetische Niveau. Sie sind also Resultat einer Ökonomie der Verschwendung. Solche Ökonomie wünschen wir uns nicht. Sparen schlechthin, billig und profitabel, ist nicht gleich Ökonomie. Das lehrt uns zum Beispiel die Rationalisierung. Sie zeigt, dass Ökonomie nicht nur als technischer Prozess oder als monetäre Operation verstanden werden darf, weil ein solches Verständnis die Lebenswirklichkeit reduziert. Positiv formuliert: Ökonomie ist ein sozialer Prozess, ein Prozess, organisiert von Menschen, die auch mit Menschen umgehen.

Ziehen wir Josef Albers zu Rate, einen der ersten Schüler des Bauhauses, später Lehrer. Seine Beschreibung des Hauses am Horn (1923) arbeitet mit folgenden Kategorien, die Bewertungsmaßstäbe darstellen: Herstellung, Handhabung, Bedarf, Pflege, Nutzen.[1] Es sind Kategorien, die die sachliche Ausstattung in den Hintergrund, die Benutzung, die Menschen mit ihren Tätigkeiten ins Zentrum rücken. Heutzutage delegieren die Menschen oft ihre Tätigkeit in die bloße Anschauung, deswegen werden solche Kategorien wie Anmutung, Anmutungsqualität und Repräsentation so wichtig. Das alles sind Begriffe der Verdinglichung. Demgegenüber zeigt Albers in seiner Beschreibung einen wichtigen Maßpunkt der großen Leistung des Bauhauses, an dem das Verhältnis von Ökonomie und Produktästhetik orientiert werden kann: Der Maßpunkt ist der Gebrauch der produzierten Dinge in der Konsumtion, im Alltag.

Diese Orientierung war sicher nicht immer die einzig gültige für alle Bauhäusler, sie galt auch nicht zu allen Zeiten. Manche waren angetreten, um die Kunst wiederherzustellen, weniger um sich mit Fragen der Gestaltung der Lebensbedingungen, der Lebensweise zu beschäftigen. Streit gab es um die Auffassung vom Gebrauch und um die Art, ihn festzusetzen. Dennoch: Historisch gesehen, über einzelne Auseinandersetzungen hinweg, bleibt als Leistung des Bauhauses, erstmals den Gebrauch als Grundlage für die Gestaltung systematisch zu formulieren und gefordert zu haben. Gehen wir daran, das Programm zu untersuchen. Rekonstruieren wir also das Verhältnis von Ökonomie und Produktästhetik im Bauhaussinn.

Für die Bauhäusler war dieses Verhältnis der Funktionalismus. Es gibt bei ihnen verschiedene Ausdrücke für Funktion: Einmal ist die Rede von „Wesensforschung" (Gropius),[2] dann von Gestaltung des „Lebensprozesses" (Meyer)[3] oder „Angelegenheiten des Massenbedarfs"[4]. Immer klingt an, dass Funktionalismus ein Verhältnis meint, das aktiv zu bewältigen ist, aktiv sowohl von den Gestaltern als auch aktiv von denjenigen, die mit Gestaltetem umgehen. Diese grundlegende Gestaltungsanforderung formulierte Albers einmal knapp: „Ökonomie im Sinne von Sparsamkeit in bezug auf den Aufwand (Stoff und Arbeit) und bestmögliche Ausnutzung in Hinsicht auf die Wirkung".[5] Diese Vorstellung schlägt sich in der Struktur der Schule und in der Entwicklung der Arbeitsmethoden nieder. In der Struktur der Schule war sie verankert als Verhältnis von grundlegendem Experiment, Entwicklung und Erprobung subjektiver Fähigkeiten,

Herausbildung eigener Persönlichkeit und Verwissenschaftlichung. Das fixierte sich am Schluss in der reifsten Form in den ausgefuchsten Funktionsdiagrammen von Hannes Meyer. In all den verschiedenen Entwicklungsstufen spielten für den Begriff der Funktion drei grundlegende Aufgaben eine zentrale Rolle:

1. Organisation der Ökonomie der Produktion

2. Organisation der Ökonomie des Materials

3. Organisation der Ökonomie des Gebrauchs.

Zur Ökonomie der Produktion

Sie setzt voraus, dass die wirklichen Bedingungen der Produktion erfasst werden. Das ist nicht möglich durch Intuition, sondern durch Analyse, Rationalismus, Beherrschung der Naturbedingungen. Planung ist notwendig enthalten. Die heutige Entwicklung wird im Allgemeinen als wissenschaftlich-technische Revolution bezeichnet. Ohne wissenschaftliche Analyse, ohne systematische Anwendung der Wissenschaft ist in der Produktion jeder verloren. Ob da die Bestimmung des Designs durch Prof. Kupetz noch trägt, der sagte: „Wenn man also die Frage nach dem Wesen des Design stellt, so ist das Unbekannte, das intuitiv bestimmt wird, der Unterschied zwischen der Designlösung und anderen Lösungen, die nicht Designlösungen sind, das Wesen des Design" oder: „Das Wesen des Design ist also Intuition"[6], ist anzuzweifeln. Systematisches Arbeiten ist uns doch selbstverständlicher geworden. Aber: Unsere Erfahrungen lassen uns schwanken, die Ökonomie der Produktion ist unter unseren Bedingungen eine zwiespältige Sache: Sie hat zur Folge, dass Arbeitsplätze wegrationalisiert werden, Arbeitslosigkeit mit bedingt ist, so genannte technologische Arbeitslosigkeit. Sahen die Bauhäusler das? Kurz dazu: In der Weimarer Republik waren, nach langen Jahren des Hungers, der Not, der Arbeitslosigkeit, ab 1924 erstmals Lichtschimmer am Horizont sichtbar, verursacht durch große amerikanische Wirtschaftshilfe. Angewendet wurde sie in Deutschland innerhalb der Produktion. Sie zu rationalisieren, waren die Gelder mit bestimmt. Das Resultat war eine Umwälzung innerhalb der Industrie. Das ging gut bis 1929, und da offenbarte sich die Wirklichkeit einer krisenhaften Entwicklung: Die Weltwirtschaftskrise stoppte jede Prosperität, die folgenden Jahre waren schlimmer als die vor 1924. Ist das nicht der Beweis, dass die Rationalisierung, die Industrie- und Technikentwicklung furchtbare Folgen für die Menschen zeitigten? Die Antwort ist einfach: Die große Krise wurde durch die Börse ausgelöst, durch den Bankenkrach. Das hat die Industrieunternehmen lahmgelegt. Die neuen Maschinen machten vielleicht Lärm, den Krach in der Wirtschaft haben sie nicht produziert. Somit ist Ökonomie der Produktion schwieriger zu beschreiben: Sie hat auf der einen Seite die Entwicklungsrichtung der konkret nützlichen Produktionsbedingungen, das sind die Arbeitenden mit ihren Qualifikationen, das sind die Arbeitsmittel, die Maschinen, das ist die Technologie, das ist die Arbeitsorganisation, das sind auch die Stoffe. Und sie hat auf der anderen Seite die formellen Herren, die auch die ständige Verwechslung von Ökonomie und Billigkeit produzieren. Mit denen hatten es die Bauhäusler nie. Sie waren auf das andere Moment orientiert. Das steigerte sich zeitweise in Euphorie, vielleicht bis zur Illusion – weniger bei Architekten oder Industriegestaltern, mehr bei Künstlern.

Weiter zur industriellen Produktion als Basis für Gestaltung. Entwicklung der Produktion bedeutet auch Entwicklung des gesellschaftlichen Verkehrs, Entwicklung von Kommunikation. (Ich bin kein Spezialist für Grafikdesign, sondern für Industriedesign, deshalb rede ich darüber.) Das bedeutet große Produktionseinheiten, Konzentration einerseits und Verteilung der Resultate andererseits. Gesellschaftlichkeit stellt sich her über Verteilung und Austausch, der Transport ist Mittler. Dieses Moment geht ein in die Bauhausproduktion, in einen Stuhl von Breuer ebenso wie in den Hausbau. Montage- und Zeitpläne sind die konkreten Formen dieser Momente. Solches setzt voraus, Produktion und Montage als notwendige, gleichwohl zerlegte Momente eines einheitlichen Produktionsprozesses zu sehen. Die Nähe zu standardisierten Einheiten und industrieller Normierung ist klar. Sie ist noch nicht Gestaltung, sondern einer ihrer Basisprozesse. Das wussten die Bauhäusler. Sie kamen nicht auf den platten Gedanken, die Gestalt ginge automatisch aus der Formulierung ihrer Basisgrößen hervor. Diese waren den Gestaltern jedoch nie Grenze ihrer Gestalterfindungen, sondern Voraussetzung dafür. Praktisch-experimentell und im Ansatz auch theoretisch operierte die Moderne an diesem notwendigen Aspekt der Gestaltung. →

ZUM TEXT

Chup Friemert
Hamburg, Juli 2012

In den bildenden Künsten, in der Architektur und im Design hat es Tradition, dass Vorträge auf der Grundlage der Manuskripte anschließend als Schriften veröffentlicht werden. So auch hier. Die drei Vorlesungen zum Design habe ich 1983 an der Hochschule für bildende Künste in Berlin während einer Gastprofessur gehalten und dann die Manuskripte an der Hochschule gelassen. Die Pressestelle hat auf dieser Grundlage – wohl auf Anregung des Fachbereichs Industrial Design – die Manuskripte veröffentlicht. Ich habe sie nie redigiert, um sie als geschriebene Texte zu publizieren. Dies macht das Schwanken im Ausdruck: Manchmal ist er nahe am gesprochenen, manchmal schon beim geschriebenen Wort. Für diese abermalige Veröffentlichung habe ich nur wenige unklare und unverständliche Stellen umformuliert, den Text aber nicht überarbeitet. Nur so können die Gedanken als Dokumente der Designdebatte von vor 30 Jahren erhalten bleiben. Manches, worüber debattiert wurde, mag verwunderlich klingen, anderes ist vielleicht selbstverständlicher Bestand des Wissens geworden und über Drittes mag man sich wundern, dass es heute noch immer ein Thema sein muss.

ZUM TEXT

Jesko Fezer
Berlin, August 2012

Mit dem Satz „Über Design reden, ist reden über Arbeit." beginnt die letzte von Chup Friemerts *Drei Vorlesungen zum Design*, die uns in einem Antiquariat in die Hände gefallen waren. Egal was noch kommen sollte, dieser Satz ist am allerbesten. Später allerdings war ich mir nicht ganz sicher, ob er vielleicht eine der von Friemert erwähnten, in der Rückschau entweder verwunderlichen oder inzwischen selbstverständlichen Thesen der damaligen Debatte wäre. Doch er bestätigte mir gerne, dass der Satz noch gelte und zur dritten Kategorie der nach wie vor dringlichen Themen gehöre.

Der knappe Satz scheint direkt einleuchtend: Design ist selbstverständlich Arbeit. Es kostet wie so vieles andere auch Mühe, Zeit und Kraft etwas zu designen. Aber darüber zu sprechen meint gewiss nicht das Beklagen oder Bestaunen dieser Leistung. Es meint eine Auseinandersetzung – und zwar die mit dem Prozess der Arbeit am Design. Mit der Frage danach, wie nun also Design gemacht wird, sind gleich zwei Ebenen angesprochen. Erstens wie verläuft der Prozess des Designs als ein Arbeitsvorgang und zweitens unter welchen Arbeitsbedingungen findet dieser Prozess statt?

Friemert ging in seinem Text zunächst auf den zweiten Aspekt ein, legte aber dar, wie dieser den ersten maßgeblich determiniert. Er betrachtete die damalige konkrete Berufspraxis der Designer, um ein Verständnis von der gesellschaftlichen Rolle des Designs und seiner Herstellung zu erlangen. Dabei bezog sich Friemert auf die marxistische Gesellschaftsanalyse, in der die Arbeit eine zentrale Rolle zum Verständnis der Dinge, ihres Wertes und ihrer gesellschaftlichen Bedeutung als Tauschobjekte einnimmt. Im Großen und Ganzen ist eigentlich unbestritten, dass dieser Zusammenhang Sinn macht. Trotz sich stets wandelnder Dinge und Arbeitsformen baut die Arbeit als gesellschaftliche Tätigkeit des (Er-)Schaffens eine grundsätzliche Brücke zwischen den Dingen und den Menschen. Und zwar eine andere als ihr Gebrauch und ihr Tausch. Und so ermöglicht dieser Bezug über Arbeit ein anderes Verständnis des Designs – der Dinge, ihres Gebrauchs und ihres Tauschs.

Dieser Perspektive zu folgen hieße, Design nicht als aufregendes oder langweiliges Produkt sondern als entwerferischen Prozess zu begreifen, der eingebunden ist in gesellschaftliche Rahmenbedingungen, wie sie insbesondere die Arbeit repräsentiert. Das ist der springende Punkt, auch wenn sich die Arbeitsverhältnisse vom abhängigen Angestelltentum in der industriell-arbeitsteiligen Produktion in die vermeintliche Freiheit prekärer Selbstständigkeit verschoben haben. Es sind diese in den Arbeitspraxen verdichteten Bezüge des Designs zur Wirklichkeit, die das Design zum Design machen und eben nicht die gängigen Abkoppelungen des Designs von seinen Entstehungs- und Wirkungszusammenhängem. Konkret: was für Design entsteht, ist heute mehr denn je nicht ernsthaft zu diskutieren ohne seinen Entstehungskontext, der Arbeit genannt werden kann. Das zeigt Friemert auf – nicht nur historisch und in der Beschreibung der vergangenen Gegenwart, sondern als Möglichkeit zum Verständnis von Design.

Design wird aber heute nicht nur unter den in den Arbeitspraxen geronnenen gesellschaftlichen Umständen gedacht, hergestellt und verwertet. Es ist selbst ein gesellschaftliches und kulturelles Modell geworden und wirkt auf das Arbeiten, Leben und (Selbst-)Regieren massiv zurück. Der allgegenwärtige Imperativ, der Kreativität sagt und verwertbare Innovation meint, gibt der eingeforderten Flexibilisierung und Selbstbeherrschung Richtung. Verheerende Auswirkungen hat diese Logik weniger für das vermeintlich selbstbestimmt kreative Schaffen mit zumindest der Option auf Ruhm und Gewinn sondern für Tätigkeiten, die mit Selbstverwirklichung, sozialer Anerkennung und kulturellem Mehrwert wenig zu tun haben und einfach Arbeit bleiben.

„Über Design reden, ist reden über Arbeit" – so will ich es lesen – meint nichts anderes, als dass das gestaltete Ding unausweichlich auf seine Entstehung bezogen ist und dass das Ding zu ändern zwangsweise einschließt, sein Entwerfen (als eine Form der Arbeit) zu ändern. Horst Rittel würde diese Erweiterung des Blicks auf Design als eine Problematisierung von Problemen fassen,[1] Lucius Burckhardt nannte es das Entwerfen des Entwerfens (unsichtbarer sozio-kultureller Systeme)[2] und Lisa Anne Auerbach redet mit Don't Do It Yourself auch über Arbeit (die man besser nicht tut, die andere besser tun können oder die man gemeinsam erledigen kann)[3]. Und dann gibt es noch die Faulheit und die Verweigerung von Arbeit – zumindest ihrer moralisch aufgeladenen Variante. So bliebe Zeit, „sich ausgiebig Pausen gönnend, hyperkritisch über die Arbeit der Fleißigen urteilen."[4] – so gesehen: eigentlich alles Studienhefte zur Designtätigkeit.

[1] Studienhefte Problemorientiertes Design Nr. 1. Horst Rittel: *Die Denkweise von Designern*, Hamburg 2012

[2] Studienhefte Problemorientiertes Design Nr. 3. Lucius Burckhardt: *Design heißt Entwurf*, Hamburg 2012

[3] Studienhefte Problemorientiertes Design Nr. 2. Lisa Anne Auerbach: *Don't Do It Yourself*, Hamburg 2012

[4] Studienhefte Problemorientiertes Design Nr. 4. Brandolini, Morrison, Stanitzek: *Kaufhaus des Ostens*, Hamburg 2012

Zur Ökonomie des Materials

Um sie betreiben zu können, müssen die Möglichkeiten der Materialien bekannt sein. Möglichkeiten sowohl im Sinne von naturwissenschaftlicher Kenntnis über die Eigenschaften als auch Kenntnis über die formale Existenzweise. Das bedeutet unbedingt, experimentelle Untersuchungen am und zum Material zu machen. Ökonomie des Materials bedeutet weiter bewusstes, d. h. gewusstes Umgehen mit verschiedenen Qualitäten, auch stofflichen. So werden konstruktive Eigenschaften mit unmittelbar sinnlichen verbunden, im Bauhausprogramm unterschieden in Material- und Materie-Studien.

Stets wird dabei ein Verhältnis untersucht von „Aufwand" und „Wirkung".[7] Ökonomie zielte auch auf Sparen, aber nicht in der Form, sondern im Aufwand. Das ist wiederum keine Sparkategorie im Sinne von billig, sondern eine, die Grenzwerte erfasst, das „Gerade-noch" zeigt und zum Gegenstand hat. So kommen neue Materialien in die Praxis. Es bedeutet ein hohes Risiko, das Material in den wirklichen Entwürfen, in der wirklichen Produktion durchzusetzen, die Verwirklichung von Ökonomie im Material stellt dieses selbst auf die Probe.

Der heute oft verwendete Begriff „Materialgerechtigkeit" im Design fasst diese Auffassung nicht, weil es Materialgerechtigkeit nicht gibt.

„Materialgerecht" ist eine formale Kategorie; wie sieht sie bitte aus bei Polyvinylchlorid? Meisterlicher Umgang mit Material setzt stets eine Idee, ein Ziel, das sich in den möglicherweise extremen Möglichkeiten des Materials verwirklichen muss, voraus. Das Material ist selber kaum bestimmend, es ist bestimmt.

Die Materialuntersuchung hat noch eine andere Zielrichtung, die ein allgemeines Dilemma der Designer aufgreift. Sie will die unbewusst vorhandenen, die spontanen Formvorstellungen auflösen und garantieren, dass die Gestaltlösung der Aufgabe nicht schon in der Aufgabenformulierung enthalten ist. Oder anders gesagt: Materialuntersuchung ist ein Angriff auf die Formvorstellung, weil ihr Resultat formal nicht bekannt ist. Also trägt sie dazu bei, einen Aspekt des obigen Dilemmas aufzulösen: Sie ersetzt mittels Experiment und Erfahrung Gestalt- und Formvorstellungen durch Leistungsbeschreibungen, also durch die gestaltunabhängige Beschreibung möglicher Fragen und Aufgaben. „Was leistet eine Rasierklinge konstruktiv" – das ist eine Aufgabenstellung von Albers, die verdeutlichen hilft, wie gewaltsam – notwendig gewaltsam – ein solches Vorgehen sein muss, um die spontane Denkweise in Formen und Gestalten, in Singulärem also, durch das Denken und Arbeiten am Allgemeinen zu ermöglichen und zu ersetzen. Nur wenn dies gelingt, sind neue Lösungen denkbar.

Materialökonomie im Bauhaus meint also keine technologische Kategorie, sondern die Verwirklichung gestalterischer Fähigkeit durch Materialbeherrschung in der Praxis.

Zur Ökonomie des Gebrauchs

Dies ist wohl der schwierigste Punkt des Funktionalismusbegriffs, auch derjenige mit den meisten interessierten Missverständnissen. Grundlegend und vorausgesetzt ist, dass Gebrauch und Nutzen tätigen Umgang im Blick hat, nicht äußere Form. Form als Ziel ist stets Formalismus. Form ist die Realisierungsweise des Nutzens, Organisierung des Gebrauchs, die sich der Technik bedient, sie eben nicht bedient. „Das Maß der Dinge um uns ist das Maß unserer Hände, unseres Körpers, das Maß der Brauchbarkeit ... und die Maße unserer Räume sollen dem Maß des Menschen Rechnung tragen, sollen von den physischen und psychischen Bedürfnissen ausgehen", sagt Mart Stam 1929.[8] Oder wieder Albers in seiner Beschreibung des Hauses am Horn: „Ein großer mittlerer Wohnraum ist von sehr kleinen Räumen umgeben, derart, dass durch ihre zweckmäßige Beziehung, ihre praktische Formgebung und Möbelanordnung wenigst Platz benötigt wird und die kleinen Räume nicht beengend wirken. Dafür aber Verwaltung und Pflege leicht zu leisten sind [...] Alle nur Arbeit erheischenden und die Klarheit störenden Dinge fehlen: Sofa-Umbau und Nachttischchen, Büffet und Kredenz und Vertiko und Kronleuchter, Kugelfüße und Leisten und Profile und Gesimse und Ornamente und Schablonen, wie Gardinen und Vorhänge und Nippes. Dafür sind alle Türen ganz glatt, die

Möbel soweit als möglich ebenso […] Alles, um höchste Sauberkeit bei geringster Arbeit zu erreichen."⁹

Die hier ausgeführten Begriffe zeigen zunächst, dass die Nutzung der Dinge zentraler Überlegungspunkt für Gestaltung war. Was daran ist nun Ökonomie? Zunächst, dass die Benutzung nicht großen Aufwand erfordert, sondern sozusagen beiherspielend realisiert wird. Das Haus mit all seinen Teilen ist Besitz des neuen Menschen, nicht das Haus darf den Menschen besitzen. „Unsere Gebrauchsgegenstände sind weder Kultgeräte noch Konzentrationszentren. Sie brauchen nur ihre Funktion zu erfüllen und sich der Umgebung sinnvoll einzuordnen."¹⁰

Somit ist eine unbedingte Gebrauchsorientierung getroffen. „Massenbedarf" war die Zielrichtung, und das am Haus entwickelt. Wieso am Haus? Weil bis 1929 das dringendste und drängendste Problem des Volkes in der Weimarer Republik die Wohnungsnot war. Sich zu dieser Not ins Verhältnis zu setzen, war programmatische Entscheidung: Sie schloss ein, Lebensverhältnisse mit zu gestalten. Massenwaren schließen aber unbedingt präzise Untersuchungen mit ein; Untersuchungen über Bedürfnisse und Lebensgewohnheiten. Da ist dem Bauhaus vorgeworfen worden, es habe kulturelle Standards der arbeitenden Menschen negiert, somit an der Masse vorbei gehandelt, an ihrer Kultur vorbei entworfen, es sei elitär geworden. Dazu eine kurze Antwort: Kulturelle Standards sind nicht von Gott gegeben. Sie sind soziale Geschichte und Prozess. Kulturelle Identität mit Gestaltungen muss sich auf der Basis der realen Bedingungen und ihnen adäquat entwickeln. Widersprüche sind notwendiger Bestandteil bei der Bildung jeglicher kulturellen Identität. Manche Widersprüche sind lösbar, indem sie gelebt werden, andere bedürfen einer Auflösung der Konstitutionsbedingungen des Widerspruchs. Praktisch für die Gestaltung jedenfalls bedeutet das: Nachgeben gegenüber der traditionellen Formverhaftung allein würde bedeuten, den sozialen Anspruch aufzugeben. Gebrauch ist nicht auf die Anschauung, auf die Repräsentation orientiert, sondern auf die tatsächliche Nutzung. Sie bildet auch die kulturelle Identität. Somit ist die Frage nach der Ästhetik der Bauhausgestaltung nicht als eine Formfrage, sondern als eine Prozessfrage zu stellen, als eine, die konkrete Tätigkeit und Handhabung vermittelt.

Dieser Befund wendet sich gegen zwei Verhältnisse. Erstens: Die Bauhaus-Entwürfe werden heute benutzt, meist von Architekten. Sie werden in besonders exklusiven Läden verkauft, zu horrenden Preisen. Das ist die doppelte Verwurstung der Bauhausgedanken durch hohen Preis und museale Verwendung. Zweitens: Unsere Alltäglichkeit ist bestimmt durch die ästhetische Innovation, durch ständige Wandlung, ohne neue materielle Substanz, bloße Variation fürs Geschäft. Dies wird begründet mit Bedürfnis. Es erweise sich als real, weil die Menschen die ständige Innovation ja mitmachten. Sie hätten es nötig, sagt man. Es existiert eine Beziehung zwischen der Verarmung wirklicher Beziehungen und stetiger Innovation ästhetisch-kultureller Ausdrucksversuche. Die ständige Nichtübereinstimmung von ästhetischem Ausdruck und eigener Persönlichkeit, die stete Differenz zwischen Wunsch und Versprechen perpetuieren den Wechsel. Wirklicher Reichtum von Beziehungen kann die Persönlichkeit, die Tätigkeit, die Lebensentfaltung nicht an die Dinge delegieren. Dass unsere Verhältnisse nur zum Teil geeignet sind, das einzulösen, ist evident. In der Weimarer Republik schien das näher, weil eine größere Massenbewegung für rationalere Verhältnisse kämpfte, für eine wirkliche Vergesellschaftung, welche auch die Entfaltung von Persönlichkeit ermöglicht. Dem wollten die Bauhäusler verbunden sein. Sie wollten auch, um ein Wort von Brecht zu gebrauchen, aus dem kleinen Kreis der Kenner einen großen machen.

Wenn nun überhaupt die Berechtigung bestehen sollte – die Absicht erscheint mir allerdings fraglich –, wenn also überhaupt die Berechtigung bestehen sollte, von einem Bauhausstil zu sprechen, so kann der nicht als Form, sondern nur als Methode verstanden werden. So schrieb Anneliese Fleischmann 1924: „Diese neue Schönheit ist nicht Stil, der Ding mit Ding durch gleiche Außenformen (Fassade, Motiv, Ornament) ästhetisch verbindet. Ein Ding ist heute schön, wenn seine Form seiner Funktion gemäß ist, wenn es aus gut gewähltem Material gut gemacht ist. Guter Stuhl wird dann zu gutem Tisch passen." [11]

Wir können zusammenfassend versuchen, den Charakter, die Eigenart des Gestaltungsprozesses zu beschreiben, der Ökonomie der Produktion, Ökonomie des Materials und Ökonomie des Gebrauchs zusammenbringt. Seine Besonderheit liegt in seiner Methode, in seiner Einheit von Analyse und Synthese. Er ist Analyse, um die Elemente, die Bedingungen zu analysieren, und Synthese, um sie zusammenzuführen. Die Analyse, auch Reduktion, Typisierung, erfordert wissenschaftliche Untersuchung der verschiedenen Aspekte der Natur, der Technik, des Materials, des Gebrauchs. Die Elemente sind dann ihrerseits Grundlage zur Synthese, zum Zusammenführen. Gestaltung hat unbedingt Planung zur Grundlage, Gropius nennt totale Architektur einmal „Strategie der Planung" und „aktuelles Kultursymbol" [12].

Entscheidend wird die Fähigkeit zum „Denken in Relationen", die Fähigkeit, alle beteiligten Faktoren „gleichzeitig in ihrer gegenseitigen Beziehung", konzentrisch, nicht „sektorenhaft" zu erfassen. Wissenschaft heißt also nicht unverbundenes, eklektisches

Nebeneinander von Marktforschung, Betriebswirtschaft, Psychologie, sondern gebundene Analyse.

Claude Schnaidt, einer der Lehrer an der HfG in Ulm und Biograf von Hannes Meyer, formulierte das so: „Wenn aktiv gelehrt, bringt der Zugang zur wissenschaftlichen Kenntnis alle intellektuellen Möglichkeiten ins Spiel: Sensibilisierung, Beobachtung, Wechselbeziehung, Klassifizierung, Analyse, Imagination, Induktion, Deduktion, Experimentierung, Verifizierung, Synthese. Das wissenschaftliche Üben lehrt, die Fakten einzuschätzen, streng gegen ihre Undurchsichtigkeit und Trägheit zu kämpfen, sich Probabilitäten zu bedienen, wenn Gewissheit fehlt, Vorurteile auszuräumen, im richtigen Augenblick Zweifel haben, entscheiden und handeln, seinen eigenen Platz inmitten der Vor- und Nachläufer zu finden." [13]

Ein bekannter Einwand gegen diese These von der unbedingten Notwendigkeit der Wissenschaft für die Gestaltung lautet, dass so die Subjektivität, die kreative Möglichkeit unterdrückt werde. Der Einwand ist bekannt, die Antwort weniger. Sie lautet: Im Gegenteil. Es handelt sich um den Triumph der Subjektivität! Weil Subjektivität nicht Beliebigkeit ist, sondern bewusstes und konkretes Arbeiten unter Berücksichtigung aller notwendigen Faktoren. Die Arbeit findet nicht außerhalb der Welt statt, sondern in ihr. Und ihre Handhabung, also die Entfaltung der Persönlichkeit, setzt immer noch Wissen voraus, ist ihr untrennbarer Bestandteil. So wird Design „Formieren der Elemente zu einem Ganzen, aber auch Formulieren der Elemente. Die Elemente verschwinden nicht im Produkt, sie konstituieren es. Aber nur in Bezug auf das kommunizierende Subjekt, den Nutzer, gilt diese Ausdrucksfunktion der Elemente. Form ist damit von vornherein als kommunikatives Gebilde gefasst, es besteht aus Elementen, die auf spezifische Weise organisiert sind." [14]

Für die Ausbildung von Designern haben die Ausführungen mindestens als Resultat, dass man zwei Dinge versuchen muss: Erstens darf nicht sofort im Studium eine Spezialisierung eintreten. Es muss genau überlegt werden, was an breiter Grundlagenarbeit geleistet werden muss. Das ist auch Widerstand gegen die allzu schnelle Formierung von Studiengängen, die sich in glatten Handlangerausbildungen erschöpfen. Zweitens: Das Ziel des Studiums muss die Entwicklung von Persönlichkeiten, von qualifizierten und verantwortlichen Menschen sein. Arroganz, Intoleranz, Metaphysik sind keine Berufsqualitäten für Designer. Verhindern wir sie, dann ist es berechtigt, uns als Fortsetzer der Moderne zu begreifen. Dann vergolden wir nicht die zwanziger Jahre, sondern führen ihre besten Seiten fort. ●

[1] Josef Albers: *Werkstatt-Arbeiten des Staatlichen Bauhauses zu Weimar* (1924), zitiert nach: *form + zweck*, 3/1979, Berlin/DDR, S. 7 ff.

[2] Walter Gropius: „Bauhaus Dessau. Grundsätze der Bauhausproduktion" (1926), zitiert nach: Hans Maria Wingler: *Das Bauhaus*, Bramsche 1962, S. 120.

[3] Hannes Meyer: „Bauen" (1928), zitiert nach: Wingler, *Das Bauhaus*, a. a. O., S. 160 f.

[4] Walter Gropius: „Wie bauen wir billigere, bessere, schönere Wohnungen?" (1926), zitiert nach: *form + zweck*, a. a. O., S. 35.

[5] Josef Albers: „Schöpferische Erziehung" (1928), zitiert nach: Wingler, a. a. O., S. 150.

[6] Günter Kupetz: Referat über Industrial Design, gehalten am 25.5.1973 in der Hochschule für Bildende Künste Berlin (Manuskript), S. 3 f.

[7] Vgl. Josef Albers: „Schöpferische Erziehung", a. a. O., S. 150.

[8] Mart Stam: „Unser Hausgerät und Möbel", in: *Das neue Frankfurt*, III. Jg., 1929, S. 29.

[9] Josef Albers: *Werkstatt-Arbeiten des Staatlichen Bauhauses zu Weimar*, a. a. O., S. 7 f.

[10] László Moholy-Nagy: „auf allen gebieten" (1929), zitiert nach: *form + zweck*, a. a. O., S. 26.

[11] Anneliese Fleischmann: „Wohnökonomie" (1924), zitiert nach: *form + zweck*, a. a. O., S. 11.

[12] Vgl. Karl-Heinz Hüter: „Vom Gesamtkunstwerk zur totalen Architektur. Synthesekonzeptionen bei Gropius und dem Bauhaus", in: *Wissenschaftliche Zeitschrift der Hochschule für Architektur und Bauwesen Weimar*, Heft 5/6, 1976, S. 507 f.

[13] Claude Schnaidt: „Versachlichung des Entwurfs im neuen Bauen der 20er Jahre", Vortrag auf der Internationalen Konferenz am Fachbereich Gestaltung der Fachhochschule Darmstadt am 10.6.1978 (Manuskript), S. 4.

[14] Karin Hirdina: „Zur Ästhetik des Bauhausfunktionalismus", in: *Wissenschaftliche Zeitschrift der Hochschule für Architektur und Bauwesen Weimar*, Heft 5/6, 1976, S. 520 ff.

ZUR AKTUELLEN LAGE UND ZUR THEORIE

Über Design reden, ist reden über Arbeit. Nicht nur über vielfältige Designergebnisse oder Selbstaussagen von Designern, sondern über trockene Arbeitsvorgänge und ihre Bedingungen. Die Vielfältigkeit ist dabei nicht Ergebnis einer bewussten Variabilität, sondern blindes Ergebnis, Resultat der Konkurrenz und der Einzelaktivitäten, also so etwas wie eine bloße Summe. Einige dieser „bunten Hunde" sollen vorgeführt werden.

Interessierten Managern, die in Unternehmen über Designaktivitäten zu entscheiden haben, erscheint das Design als „professioneller Weg, Kultur ins Marketing zu tragen". Das ist natürlich schon eine geschlossene Mentalität, das bewegt sich schon im Bereich der Warenstruktur, bleibt daran gebunden, lebt von Verdinglichung. Das ist nicht Kultur, eher der Versuch, günstig zu verkaufen. Solche Aktivitäten sind, wenn man sie unter dem Aspekt der Arbeit zum Beispiel der angestellten Designer betrachtet, eher Diktate über die Arbeitsformen, also das Gegenteil kultureller Vorgänge. Solche Auffassungen und Ansichten hat Wolfgang Fritz Haus in der Kritik der Warenästhetik analysiert und kritisiert. Dass Designer diese Analyse als Angriff auf ihr Leben auffassten, war und bleibt generell falsch. Anstatt sie produktiv zu wenden und an der Seite des Gebrauchswerts – gerade auch des ästhetischen Gebrauchswerts – festzuhalten, haben sie sich sozusagen mit den

Managern vereinigt gegen eine mögliche neue Praxis.

Statt am ästhetischen Gebrauchswert und an einer vernünftigen Gebrauchsweise festzuhalten, ist ihnen doch meistens jeder Anlass recht, um zu designen. Die Resultate sehen wir dann regelmäßig auf dem Sperrmüll. Und um es vorwegzunehmen: Das führte auch in eine Krise, die jetzt wieder vernebelt werden soll. Überall beispielsweise erscheinen Ideologen, die gegen den Funktionalismus, das Bauhaus usw. als alten Hut antreten, ohne ihn sich genau anzusehen, diesen Hut. Wenn man ihn zum Zauberzylinder erklärt, aus dem man Lösungen wie Kaninchen ziehen können soll, dann ist es einfach, zu beweisen, dass der Hut kein Zauberhut ist. Der Fehler liegt aber nicht beim Hut, sondern beim gläubigen Publikum, bei der Auffassung, man könne mit Hilfe eines Hutes zaubern.

Versuchen wir, uns einige Momente der aktuellen Lage deutlich zu machen. Dabei wird es profan, niedrig. Es sind Wahrheiten, die jeder kennt. Dennoch müssen sie gesagt werden:

1.
Arbeitslose

Etwa 20.000 Designer arbeiten in der Bundesrepublik in allen Bereichen der Industrie. Drei Viertel sind angestellt, die übrigen freiberuflich. Konkurrenz bestimmt ihre innere Beziehung: Die Angestellten haben Angst um ihre Arbeitsplätze, die Freiberuflichen fürchten Mangel an Aufträgen. Die Zahl der arbeitslosen Kollegen ist nicht bekannt, nur die Stellengesuche zeigen an, dass es solche gibt. Die Wirtschaftskrise trifft auch die Entwerfer. Eine spontane Argumentation auf die Bedrängnis ist: Gerade in Krisenzeiten böte das Design den Betrieben die Möglichkeit, besser über die Runden zu kommen. Das ist ein Irrtum und technokratisch gedacht. Ein ökonomisches und soziales Problem ist nicht durch neue Gestaltung von Gegenständen zu beseitigen. Auch wenn es vielleicht einzelnen Betrieben die Konkurrenz erleichtert, ist das kein Mittel der Krisenüberwindung, sondern ein Einrichten in ihr.

2.
Die Monopole

Sie fordern der Gesellschaft einen Tribut ab. Das allgemeine Konsumtionsniveau sinkt, obwohl mehr gearbeitet wird. Monopole schöpfen in den elementaren Bereichen des Lebens durch Preistreibereien große Kaufkraftmengen ab. Benzin- und Heizölpreissteigerungen durch die Erdölgesellschaften, Strom- und Gaspreissteigerungen durch einschlägige, monopolisierte und kartellierte Unternehmen und Mietpreissteigerungen durch das Hypothekengeschäft des Bankkapitals senken das Realeinkommen der Massen. Jenen Kapitalen, die Waren für die individuelle Konsumtion produzieren – und dieser Bereich ist die Domäne der Designer –, bleibt nur ein geringer Spielraum. Auch durch ästhetische Innovationen ist nicht mehr an viel Geld zu kommen. Nahezu alle Haushalte sind mit der Palette langfristiger Konsumgüter ausgestattet. Das bringt einen Aspekt der Krise des Designprozesses ans Licht.

3.
Krise in der Arbeit

In den vergangenen dreißig Jahren hat die Industrie einen eigenen Designprozess entwickelt. Es ist die tatsächliche Einbindung des Designs in die Industrie und Design als industrielle Arbeit. Der Rahmen dafür ist folgender: Kapital ist in ausgedehnten Produktionseinheiten fixiert, Flexibilität eingeschränkt. Entwerfen ist eng an strategische Planungen, an die internen Fünfjahrpläne, an Markt- und Trenduntersuchungen gebunden. Große Kapitalmengen stehen auf dem Spiel, Fehlentscheidungen multiplizieren sich zu hohen Verlusten, die Einzelkapitale ruinieren können.

In solchen Zusammenhängen ist der Designprozess nicht mehr von Einzelnen bestimmt, ist auch nicht mehr von Einzelnen bestimmbar. Entwurf wird eine – wenn auch private – Planungskategorie und selbst planbare Größe, von vornherein vergesellschaftet. Welche Merkmale und Schwierigkeiten trägt dieser Designprozess? Die einmal entwickelte Markenbildung, die „corporate identity", fordert ein ästhetisches System, das nur als Ganzheit benutzt werden kann. Eine in der Erscheinung der Waren signalisierte Firmenidentität bestimmt die Entwürfe im Voraus. Formale Brüche, abrupter Wechsel oder ganz neue Lösungen sind selten. Die in den sechziger und siebziger Jahren entwickelten ästhetischen Vorgaben werden jetzt Beschränkung und Grenze. Andererseits zwingt die dauernde Konkurrenz zu ständiger ästhetischer Innovation. Das Kraftfeld von fixierter ästhetischer Möglichkeit der Marke und notwendiger Innovation bildet die oft engen Grenzen für Designlösungen, die diesem Widerspruch eine Bewegungsmöglichkeit verschaffen müssen.

Die Vergesellschaftung der Arbeit findet nicht ausschließlich in der Bewegung des Resultates auf dem Markt statt, auch wenn dieser die letzte Instanz bildet. Vergesellschaftung bestimmt die praktischen Arbeitsbedingungen, ist in Kooperationsbeziehungen der Arbeit vorweggenommen: in der Diskussion, im dauernd korrigierenden Entwurfsprozess des Teams und im Entscheidungsprozess des Betriebs. Die Kooperation impliziert Arbeitsteilung; horizontale Spezialisierungen der Beteiligten gehen damit einher. Designlösungen tragen ein merkwürdiges Signum: Sie sind wirklich gesellschaftlich und komplex durch ihre Entstehungsweise, keinesfalls Resultat einer individuellen künstlerischen Eruption. Die Individualität der Designlösung ist gewissermaßen schon verschliffen, trägt Züge der Anonymität und manchmal des Selbstverständlichen. Verschliffene Resultate müssen für die Benutzer nicht unangenehm oder einschränkend sein. Vielmehr ist durch die große Serie eine massenhafte, standardisierte Gebrauchsweise vorausgesetzt, die selten primär ästhetische Repräsentanz sein kann.

Es ist die konkrete Form des Typs, die konkrete Form von standardisierten Bedürfnissen. Die Lösungen müssen sich durch ihre Fähigkeit zur Integration in verschiedene, bereits bei den Nutzern vorhandene Gebrauchszusammenhänge auszeichnen. Die von daher geforderte relative Neutralität der ästhetischen Erscheinung kollidiert sowohl mit der funktionellen Bestimmung, Kaufanreize zu bieten, als auch mit der, ästhetische Systeme zu entwickeln. Sofern Designer das Ästhetische als Künstlerisches, Sinnlich-Anschauliches verstehen, zunächst als Qualität im Entwerfen und nicht als Qualität im Gebrauch, wo Ästhetisches nicht durch die Entstehungsweise bestimmt ist, ertragen sie die Entindividualisierung ihres Entwurfes nur unter Protest. Gleichwohl bleibt ihr ästhetisches Repertoire im allgemeinen sehr beschränkt. Sie wehren sich dagegen, dass Design schlicht die Lösung des Gebrauchs in der Form ist.

Formale Experimente und die Entwicklung neuer Gebrauchsweisen bleiben eingebunden in betriebsborniert definierte Pilotprojekte, bestimmt durchs private Verwertungsinteresse. Beispiele mögen die ungelenken Studien von Luigi Colani sein oder die hypertrophe integrierte elektrifizierte Küche, die Kochen mit dem Fliegen eines Düsenjets verwechselt. Sie stehen gegen vernünftige, gesellschaftlich erforderliche Versuche und Gebrauchswertnotwendigkeiten. Die gesellschaftlichen Bedürfnisse erfordern die

Verwandlung des Designs in eine gesellschaftliche Planungskategorie. Entwicklung langlebiger Gebrauchswerte und die Entfaltung der gestalterischen Fähigkeiten bleiben, soweit sie nicht an einen neuen sozialen Prozess gebunden werden, Traum oder Abendbeschäftigung von Designern – wenn sie nach der Arbeit noch dazu fähig sind. Als notwendige Arbeitsrichtungen an Hochschulen sind sie nicht zu finden, obwohl gerade dort der soziale Raum dafür zur Verfügung steht. Statt vorauszudenken und wie ein Traktor einen Pflug zu ziehen, rennen die Studenten meist wie ein Haufen toller Hunde voraus.

Die Vergesellschaftung und Versachlichung des Designprozesses ist also die Einrichtung eigener Abteilungen mit angestellten Entwerfern durchs große Kapital, das sogleich die Arbeit ökonomisiert. Die wachsende Kenntnis der Designer über konkrete Produktionsbedingungen verbessert die betriebliche Kooperation, verringert Reibungsverluste – die immer Kosten verursachen und Profitverluste sind; wesentlicher ist die Verkürzung der Überführungszeit von Entwürfen in die Produktion. So wird ein schnelleres Reagieren am Markt ermöglicht und werden profitversprechende Ideen einfacher verwirklicht. Die Vergesellschaftung wird in eine zusätzliche Richtung erweitert, wächst über die Kooperativität des Entwurfsprozesses hinaus. Neue Kooperationszusammenhänge innerhalb der betrieblichen Struktur entstehen.

Designüberlegungen erhalten konzeptionelle Bedeutung bei Planungen. Das entwickelt bei den Designern ein neues Selbstgefühl, bietet scheinbar eine Aufstiegschance, macht dadurch Konkurrenz praktikabel. Der Traum scheint ihnen erfüllt, wenn sie gleichberechtigt in den Spitzen der Unternehmen vertreten sind.

Unter den Verhältnissen des Kapitals bedeutet Versachlichung der Arbeit kalkulierende Kontrolle. Rationalität bei der Beurteilung der Arbeitsleistung, also auch ihre Fixierung und Überprüfung, ist unmittelbar verbunden mit Rationalisierung des Arbeitsprozesses, also mit der Gefahr des Arbeitsplatzverlustes. Die vergesellschaftete Arbeit ist dominiert von Konkurrenz und Profilierungsnotwendigkeit, nicht von kollegialer Gleichberechtigung. Die Angestellten werden anstellig gemacht. Ein doppeltes „job hunting" setzt ein: Die Designer jagen den Jobs nach, die Betriebsplaner auch. Die einen wollen sie innehaben, die anderen wollen sie weghaben.

Die subjektive Reaktion der Designer auf solche Organisation des Arbeitsprozesses, der sie auf je präzise beschreibbare Arbeitsfelder verweist, sie in einem fremddefinierten Planungsprozess einengt, ist die Herausbildung einer neuen Arbeitsmaxime: Die „Liebe zum Detail", Design als „Arbeit am Detail" ist ein spezielles neues Selbstverständnis.

Es ist eine gefällige Philosophie der Unbedeutendheit. Sie sieht auf den ersten Blick wie eine realistische Einschätzung aus, ist aber eine technokratische Form der subjektiven Selbstbeschränkung und resignativ. Diese Selbstbeschränkung negiert die Frage nach dem sozialen Kontext der Arbeit, stellt ausschließlich die verschobene nach konkreten Arbeitsproblemen. Sie lässt außen vor, dass alle Entwurfsentscheidungen in den Verwertungsprozess eingebunden sind, und sie sucht nicht nach neuen sozialen Kooperationen. Sie übersieht die Kräfte, die an einer praktikable Gebrauchswerte herstellenden Produktion unbedingt interessiert sind. Dafür gibt es Ansätze, als Beispiel möge man sich die Arbeit einer Gruppe von Arbeitern und Ingenieuren bei Lucas Aerospace ansehen.

Eine andere Variante wendet sich gegen den Expertengeschmack, gegen das Diktat, das die Elementarästhetik angeblich ausübe. Dagegen soll populärästhetische Gestaltung betrieben werden, um der schweigenden Mehrheit zur Sprache zu verhelfen. Es ist modern geworden, die Dinge zum Sprechen bringen zu wollen. Sie sollen reden, die Menschen in ihnen. Was, bleibt zu fragen, sollen die Dinge denn sagen? Und: wer soll schweigen?

Ein diskreter Kontakt zwischen Designern und Konsumenten soll geschaffen und die Arbeitsteilung aufgehoben werden. Der Vorschlag versucht, praktisch zu werden, indem neue Lebensmodelle, etwa Produktionskommunen mit selbstgestalteten Waren, propagiert werden. Der furchtbare Dilettantismus, der dabei blüht, versucht verzweifelt, seine Legitimation aus dem Spaß zu ziehen, der angeblich bei der Produktion gewonnen würde. Die antiindustrielle und jede wissenschaftliche Erkenntnis negierende Konzeption ist – ob sie es wahrhaben will oder nicht – reaktionär. Sie redet nicht über die Befreiung der produktiven Potenzen für alle aus der privaten Verfügung, sondern über technische Determinanten der Arbeit.

Ein alter Streit lebt wieder auf: Ist Design eine künstlerische oder eine wissenschaftlich orientierte Tätigkeit? In diesem Streit sind sich die „künstlerisch" Orientierten einig in der Negation der Rationalität und des Funktionalismus. Eine Sucht greift um sich, auf die Grillparzers Befund von 1828 zutrifft: „Dass die Deutschen diesen schaukelnden Träumen, dieser bild- und begriffslosen Ahnungsfähigkeit einen so hohen Wert beilegen, ist eben das Unglück dieser Nation. Daher kommt es, dass sie sich so gern jedem Irrtum in die Arme werfen, wenn er nur irgendeinen Halt darzubieten scheint, an den sie jenes flatternde, verworrene Gewebe anknüpfen können. Daher kommt es, dass von zehn zu zehn Jahren die ganze Nation mit einem Schlage ihr geistiges Glaubensbekenntnis ändert und die Götzen des gestrigen Tages …

heute wie Schatten von Verstorbenen umherwandeln." Hinter dem Schwanken steckt ein Spezialisierungsversuch. Soll Kaufkraft erreichbar sein, muss die Produktion auf diejenigen zugeschnitten werden, die sie haben. Wertvolle Materialien, raffinierte Behandlung der Oberflächen, verblüffende Materialkombinationen und künstlerische Komposition werden hoch gehandelte Gestaltungskategorien. Das Ganze ist aber nicht experimentelle Lust, um das notwendige Repertoire zu erweitern, vielmehr wird das Design artifiziert. Der Handel mit diesen Waren verbindet sich mit der Propaganda von Designerpersönlichkeiten. Sie treten wie „Kultur"-Idole, wie „Stars" auf, nur nicht so massenhaft. Das trifft besonders im Bereich des Möbelbaus und der Raumausstattung zu. Myriaden von Stühlen, Sesseln, Regalen und Lampen füllen die internationalen Fachzeitschriften. Das Hauptinteresse gilt den sinnlichen Qualitäten der Dinge. Ihr Gebrauchszusammenhang ist primär repräsentativ. Gebrauch wird Inszenierung, Demonstration luxuriöser Verhältnisse, Darstellung von Reichtum und abstrakter Modernität, vorlaute Dekoration. Merk-würdig!, denn nun kommt zur Realität von Hollywood noch Hollywood in die Realität. Möge es nur eine zufällige Parallele zur großen Politik sein, ich fürchte aber, es ist auch eine ähnlichen Inhalts.

Die artifizierten Entwürfe werden in relativ kleinen Stückzahlen produziert, das Risiko bei Fehlplanungen ist gering, eine stete Nachfrage nach neuen Entwürfen impliziert. Die Produktion solcher Designlösungen, die ausgesprochen subjektivistische Gebilde sind, setzt eine äußerst flexible, marktorientierte Produktionsstruktur voraus, im Kern eine höchst qualifizierte und vielseitige Arbeiterschaft, die spezialisierte Arbeitsverfahren beherrscht und qualitätsorientiert produziert. Kleinbetriebe mit bis zu 20 Beschäftigten realisieren die Entwürfe, noble, selbstständige Verkaufsorganisationen setzen sie um. Aber die Aufträge zur Artifizierung der Gegenstände reichen nicht für alle Designer. Sie finden eine neue Beschäftigungsmöglichkeit. Die Verselbstständigung der Zeichnung vom Werkzeug, vom Produktions- und Kommunikationsmittel der Designer zum eigenständigen Kunstwerk, erweitert den Markt. Viele Entwürfe sind nicht zur Produktion verkaufbar. Nun leben sie eine neue Existenz in den Fachzeitschriften als Vorlagen und Bildideen. Designer bauen weiter: Plastische Objekte entstehen, Visionen werden gezeichnet. Galerien verkaufen sie als dekorative Kunst. Die ästhetische Vielfalt, das Herzeigen von Kreativität und Freiheit ist Resultat der Unterbeschäftigung. Die Kompositionen der internationalen Fachzeitschriften täuschen über die reale Misere hinweg. Designer gestehen sich diese Fakten selten ein. Ihre aus der Not geborene Freiberuflichkeit verklären sie zum Ideal, zur Freiheit. Bei den Studenten machen sich luxuriöse Desorientierungen bemerkbar. Ihre Neugierde wird zur vorschnellen Suche nach Effekten, die Ausbildung ästhetischer und gestalterischer Fähigkeiten reduziert sich auf die Fähigkeit zum Bluff, auch zur Selbsttäuschung.

Was bedeutet das für die Hochschulen?

Ich will jetzt versuchen zu beschreiben, was ich gesehen habe oder sich aus Gesprächen ergab. Sehen Sie das als Versuch einer Bestandsaufnahme, also pointiert, aber auch als Versuch der Einmischung.

1. Was sind Hochschulen? Für mich sind es Experimentierfelder. Der gesellschaftlichen Arbeit vorgelagert. Orte zur Entwicklung der Fähigkeiten der Studenten, zur Entwicklung dessen, was ich theoretisches und ästhetisches Repertoire genannt habe. Es sind Orte der Entfaltung der Persönlichkeiten, die sowohl ausloten sollen, wo die Stärken der Einzelnen liegen, aber auch, wo die Schwächen der Einzelnen überwunden werden sollen. Orte der Auseinandersetzung und des Disputs.

2. Was sind Hochschulen nicht? Unmittelbar vorgelagerte Qualifikationseinrichtungen für die Arbeit in der Industrie. Wer das meint, tut nicht nur den Studenten Unrecht, sondern sogar auch der Industrie. Es ist absolut normal, dass eine Hochschulausbildung nicht eine Ausbildung für eine konkrete Arbeit in einem konkreten Betrieb ist. Das sind die vorgelagerten Bemerkungen, die auch ein Raster abgeben für die Beschreibungen.

Was habe ich beobachtet?

1. Kurzzeitprojekte

Welches ist ihre Funktion? Sie sollen wohl dazu dienen, in kurzen, festgelegten Zeitabschnitten mögliche Zugänge und Lösungsansätze für Aufgabenstellungen zu erarbeiten. Gut. Der allgemeine Zeitrahmen beträgt zwei Wochen, mindestens eine. Was sind die Resultate? Sie rechtfertigen keinesfalls zwei Wochen, höchstens zwei Tage. Die Präsentationen nehmen meist mehr Zeit in Anspruch als die Gedanken über die Probleme und Lösungen. Das Verhältnis von Darstellung zu Problembearbeitung ist absolut unverhältnismäßig, vielleicht 4:1. Das ist keine schöpferische Arbeit, auch nicht Praxis, sondern ein schlechtes Verständnis von Projektarbeit.

2. Die methodische Arbeit in Projekten

Es gibt eine 3D-Matrix, die versucht, Designaktivitäten zu strukturieren. Die formale Fixierung auf die 3D-Matrix ist eine Art Kreuzworträtselmentalität – am Schluss steht das Lösungswort. So ist der Anspruch an Theorie gedacht. Er zerstört sie. Dieser Praxis liegt ein Denkfehler zugrunde, den jeder kennt, der praktische Designarbeit betreibt. Der Denkfehler ist, es gäbe eine Designmethode, einen systematischen Ablauf des Entwurfsprozesses. Real kommt sowohl systematische als auch methodische Arbeit im Design vor, aber es gibt genug Fälle, in denen die Lösung ganz unsystematisch zustande kommt, sozusagen als Idee. Nun scheren die Projektbedingungen den Designprozess über einen Leisten. Es wird tatsächlich unsystematisch gearbeitet, danach wird dieses Tun in einer Art Selbstlüge umgemodelt und als angeblich systematische Arbeit dargestellt. Systematik verkommt zu einem Problem der Darstellung. Keiner entwickelt Vertrauen zu ihr, jeder grient über sich selbst, über das, was er sich da zumutet. Es ist eine Lüge über die eigene Arbeit und diskreditiert und verunmöglicht systematisches Arbeiten da, wo es nötig ist.

3. Die Verkürzung der Theorie zur Methode

In der Projektarbeit erscheint den Studierenden methodisches Arbeiten als notwendig. Meist betreiben sie das, indem sie Ergebnisse wissenschaftlicher Disziplinen heranziehen und meinen, dies könnte als eine Art Dienstleistungsvorgang den Formfindungsprozess unterstützen. Das ist nicht unbedingt falsch, aber es vernachlässigt oft, dass die herangezogenen Disziplinen mit definierten Arbeitsweisen für zu findende Resultate operieren. Sie sind nicht ohne Weiteres ein Zulieferinstrument für den Entwurf. Und selbst wenn das geht, geht es meist undeutlich, denn es gibt eine Differenz zwischen standardisiertem und problemorientiertem Arbeiten. Die mögliche Leistung methodischen Arbeitens wird so nicht sichtbar, es bleibt eine große Unzufriedenheit bei den Studenten, und diese zieht eine Ablehnung gegenüber der theoretischen Arbeit nach sich. Dann gibt es noch die Ansicht, Theorie sei ein irgendwie formalisiertes Arbeiten mehr oder weniger begrifflicher Art in konkreten Projekten. Das ist sicher näher an dem, was Theorie für Design leisten kann, also näher an Designtheorie. Aber auch Designtheorie ist eine eigenständige Arbeitsweise. Ihr Gegenstand ist der Designprozess, ihre Methode historisch und philosophisch, ihr praktischer Bezug – besonders an den Hochschulen – ist die Bildung der Persönlichkeit, in zweiter Linie erst die Formfindung. Ihr Ziel ist die Bildung und Erweiterung des allgemeinen theoretischen und ästhetischen Repertoires der Designer.

Ich meine, die Hochschulen müssen sich nüchtern die Frage stellen, wozu sie da sind, was sie wollen, was sie sollen. Dabei ist unbedingt erforderlich, sie als ein flexibles System einzurichten, das nach nüchternen und präzisen Analysen oder Situationsbeschreibungen gemeinsam Konsequenzen zieht und sich nicht von Egoismus oder Wunschdarstellungen leiten lässt. Sie müssen dazu kommen, ein anregendes, flexibles, persönlichkeitsförderndes, problemorientiertes Arbeiten zu ermöglichen. Auch mit draußen. Experimentelle Lust, neue Zielstellungen und methodisches Arbeiten müssen vereinigt werden, damit brauchbare Designer entstehen. Sie werden an Hochschulen gemacht. •

Chup Friemert studierte Produktgestaltung an der Staatlichen Akademie der Bildenden Künste Stuttgart, Experimentelle Umweltgestaltung in Braunschweig, sowie Publizistik, Philosophie und Volkswirtschaft an der Freien Universität Berlin. Die Studien beendete er 1977 mit einem Diplom an der Staatlichen Hochschule für Bildende Künste Braunschweig (Humanisierung der Arbeit und Gewerkschaften, mit Dieter Seitz) und einer Promotion an der Universität Bremen (Produktionsästhetik im Faschismus. Das Amt „Schönheit der Arbeit" von 1933 bis 1939). Ab 1971 hatte Chup Friemert Lehraufträge an verschiedenen Hochschulen zu Warenästhetik, Designgeschichte und Designtheorie inne. 1984 wurde er Professor an der Hochschule für Bildende Künste Hamburg für Designgeschichte und Designtheorie. Als Gastprofessor lehrte er am Instituto Superior de Diseño Industrial in Havanna, an der National Chinese Academy of Fine Arts, Hangzhou, China, sowie an der Staatlichen Hochschule für Gestaltung Karlsruhe, wo er seitdem assoziierter Professor ist.

Zu seinen zahlreichen Publikationen gehören:
— Produktionsästhetik im Faschismus. Das Amt „Schönheit der Arbeit" von 1933 bis 1939. Damnitz Verlag, München 1980.
— Die Gläserne Arche. Kristallpalast London 1851 und 1854. Prestel, München 1984.
— Margarete Schütte-Lihotzky. Erinnerungen aus dem Widerstand 1938–1945. Konkret Literatur Verlag, Hamburg 1985.
— Radiowelten. Zur Ästhetik der drahtlosen Telegrafie. Cantz, Stuttgart 1996.
— William Morris Zyklus. form + zweck, Berlin 1998.
— Weltausstellung 1889. Der Maschinenpalast. Textem, Hamburg 2009.
— Hegel. Philosophie der Kunst. Bearbeitete Mitschriften. Materialverlag, Hamburg 2012.